En vente à la même Librairie :

Tableaux de lecture, d'après les principes yllabaire élémentaire, par le même auteur, 30 feuilles. rix 2 fr.

Tout exemplaire qui ne portera pas le paraphe ci-dessous, ra réputé contrefait.

SYLLABAIRE
ÉLÉMENTAIRE,

OU

PRINCIPES DE LECTURE,

RENFERMANT

DANS UN CADRE A CHAQUE PAGE LES DIFFICULTÉS QUI ARRÊTENT LES PROGRÈS DES ÉLÈVES,

A l'usage des Écoles primaires.

Par J. T.

CLERMONT-FERRAND,
A LA LIBRAIRIE D'AUGUSTE VEYSSET,
RUE DE LA TREILLE, 14.

1845.

INSTRUCTION

SUR L'USAGE DE CETTE MÉTHODE.

Les mots sont composés de syllabes, et les syllabes sont formées de sons et d'articulations. Ces deux espèces de signes sont le fondement de toute la lecture ; car s'il était possible de représenter les sons polygrammes (formés de plusieurs lettres) par des caractères particuliers, toute la difficulté de la lecture se bornerait à la connaissance des lettres.

C'est de cette combinaison de caractères, qui représentent les voyelles composées, d'où naissent toutes les difficultés de cette branche de l'enseignement. Ainsi, la nécessité de présenter sans cesse aux yeux de l'élève les sons élémentaires doit être le point de départ, et c'est ce qui forme la base de cette méthode. En effet, on remarque que lorsqu'un enfant a appris les lettres ou les sons d'un tableau, il paraît très-embarrassé pour énoncer les mêmes signes qui se trouvent placés ailleurs. Mais que l'on habitue l'élève à comparer ce qu'il a vu primitivement avec ce qu'on lui présente de nouveau, il n'aura plus de peine et sa mémoire sera soulagée.

La connaissance prompte des lettres de l'alphabet est un moyen d'accélérer les progrès. C'est encore sur ce principe qu'est disposé d'une manière méthodique le plan de ces caractères ; et on remarquera que par suite de cette disposition, les lettres se trouvent ensuite renfermées par ordre dans un cadre rectangulaire. On pourra donc suivre différents procédés suivant qu'on le jugera nécessaire ; mais le moyen de soutenir l'attention et d'exercer la mémoire, c'est de faire apprendre les lettres horizontalement telles qu'elles sont placées dans les cases, c'est-à-dire indiquer les deux lettres de la première case, jusqu'à ce que l'élève les énonce par lui-même : il n'éprouvera pas de peine pour apprendre celles de la deuxième case, puisqu'elle renferme les lettres de la première et une de plus ; la troisième est composée des lettres de la deuxième case et une de plus ; et enfin lorsqu'on arrive à la quatrième case, l'élève connaît déjà quatre lettres. On pourra ensuite lui demander, par forme d'examen, à montrer dans la partie du tableau en bas les lettres déjà apprises. On passera au numéro 2 et on procédéra de la même manière.

Les lignes qui se trouvent placées en bas sont

pour l'exercice des caractères renfermés dans les cases.

Il faut avoir soin de faire prononcer les lettres be, que, de, fe, gue, et non suivant l'ancienne méthode, bé, cé, dé, effe, gé, etc.

Le troisième tableau se compose de sons simples articulés, dont les voyelles se trouvent séparées avec les consonnes. Il est essentiel, avant d'entrer dans les colonnes intérieures, de faire répéter à chaque élève la ligne horizontale représentant les voyelles, et ensuite la ligne verticale renfermant les consonnes. On observera que ces lettres n'ont pas été rangées d'après l'ordre de l'alphabet, afin d'éviter la facilité que cette disposition donnerait aux élèves d'apprendre les syllabes par cœur.

Lorsque les deux parties de ce tableau seront sues d'après les procédés qui viennent d'être indiqués, on passera au numéro 4, où il n'entre dans chaque phrase que des syllabes du tableau précédent. Le numéro 5 renferme les syllabes inverses : elles devront être apprises plus tard sans épellation.

Les deux tableaux suivants ne présentent aucune difficulté, si l'on observe qu'une syllabe se compose d'autant de parties qu'elle fait entendre de sons et d'articulations ; par ce moyen on n'a que des lettres à prononcer. Ainsi par exemple : la syllabe bar est formée des lettres b, a, r, parconséquent en prononçant ces trois lettres distinctement, et en les énonçant après par une seule émission de voix, l'élève contractera l'habitude d'épeler b ar bar, c'est-à-dire qu'il ne fera entendre que deux parties, sans qu'il s'en aperçoive.

On arrive enfin aux sons et articulations polygrammes (nº 8), où chaque réunion de lettres doit être prononcée tout d'un coup, c'est-à-dire sans épellation; car ce ne sont pas des lettres isolées que l'on doit apprendre, mais bien une combinaison de caractères qui forment autant de syllabes et ont la même valeur que les voyelles simples.

Les articulations ch, gn, ph, ill, et qui doivent se prononcer che, gne, phe, ille, ne forment une syllabe qu'autant qu'elles sont jointes à une voyelle. Ainsi, les articulations et les sons, renfermés dans ce tableau, ont reçu une dénomination particulière, aussi bien que les autres lettres de l'alphabet. Il est donc important d'insister sur ce tableau plus particulièrement que sur les autres, puisque les lettres ainsi réunies trompent toujours la vue et la mémoire de l'enfant.

On trouvera dans les numéros suivants ces mêmes signes placés en tête de chaque tableau, où le moniteur pourra montrer avec sa baguette un son analogue à celui qui fera partie de la syllabe à décomposer. Il n'aura recours à ce moyen que dans le cas où l'élève se trouverait embarrassé. Ce cadre renferme toutes les difficultés qui arrêtent les progrès des enfants, et leur sera d'un grand secours pour l'orthographe d'usage.

Le numéro 16 se compose de phrases variées, c'est-à-dire d'exercices sur les tableaux précédents, et de plus, il renferme des syllabes qui jusqu'ici n'ont pas été apprises ; car c'est là encore une des difficultés dont la lecture est hérissée. Ces syllabes se trouvent placées dans une case à gauche des sons, et elles sont répétées dans tous les tableaux qui suivent. Il faut les faire apprendre sans épeler, et les rappeler aux élèves autant de fois qu'il sera nécessaire, et leur faire remarquer que la lettre e suivie d'une consonne se prononce è, lorsque cette voyelle et cette consonne ne forment qu'une même syllabe.

Il ne reste plus maintenant qu'à apprendre les sons élémentaires qui ne sont que des signes équivalents à ceux déjà appris numéro 7. On devra les faire prononcer de la même manière, c'est-à-dire sans épellation ; et les élèves feront d'autant plus de progrès que l'on aura cherché à les conduire par gradation, c'est-à-dire du connu à l'inconnu, du simple au composé.

La suite des autres numéros n'est qu'une application aux tableaux précédents ; ils ne donnent lieu à aucune explication particulière ; seulement il est bon d'observer que lorsqu'une consonne est redoublée, la division de la syllabe est faite avant la consonne redoublée, à moins qu'on les prononce toutes deux ; alors on les sépare de manière à ce que la première appartienne à la voyelle qui précède, et la seconde à la voyelle qui suit.

N. 1. LETTRES MINUSCULES.
(1)

a b	a b c	a b c d
e f	e f g	e f g h
i j	i j k	i j k l
m n	m n o	m n o p
q r	q r s	q r s t
u v	u v x	u v x z

Voyelles.

a è é e i o u y.

a o i y i a é o é e u e é u è
o u é e y a è u é e è y a e i.

Alphabet par ordre.

a b c d e f g h i j k l m n o
p q r s t u v x y z.
b c d x t y l s o é e u a é f
i k m o p é e i u z x q g è.

---

(1) Voir la page 2 sur l'instruction.

N. 2. LETTRES CAPITALES.

A B	A B C	A B C D
E F	E F G	E F G H
I J	I J K	I J K L
M N	M N O	M N O P
Q R	Q R S	Q R S T
U V	U V X	U V X Z

Voyelles.

A È É E I O U Y.

A O U E I È O U O Y O U O
U E E O I Y É E A U E A I.

Alphabet par ordre.

A B C D E F G H I J K L M
N O P Q R S T U V X Y Z.

A E O G R S N Z J L F N L
D B I T U I K C F P V X É.

N° 5. SONS SIMPLES ARTICULÉS.

	a	è	é	e	i	o	u
b	ba	bè	bé	be	bi	bo	bu
d	da	dè	dé	de	di	do	du
t	ta	tè	té	te	ti	to	tu
f	fa	fè	fé	fe	fi	fo	fu
s	sa	sè	sé	se	si	so	su
m	ma	mè	mé	me	mi	mo	mu
n	na	nè	né	ne	ni	no	nu

(1)

	pa	ta	ca	fa	sa	na	ra
	pu	tu	cu	fu	su	nu	ru
	dè	tè	fè	sè	nè	rè	lè
	de	te	fe	se	ne	re	le
	di	ti	fi	si	ni	mi	li
	do	to	fo	so	to	no	lo
	mé	né	té	sé	té	né	lé

(1) Voir la page 5 sur l'instruction.

N. 4. SONS SIMPLES ARTICULÉS.

PHRASES.

La ca ba ne, la sa la de, le jo li do mi no, la ca ve, la ca ne, le ca ba, le pè re, la mè re, la ca po te, la vé-ri té, la ma jo ri té, la na-ti vi té, l'a va ri ce, la do-ci li té, le ca ma ra de, le ba-di na ge, la so li di té de la ca ve, la pe ti te cu ve, ta mè re te pu ni ra, l'a ni mo-si té de Ca ro li ne, la fa-ri ne se ra ra re.

U ne sé ré na de a fi ni la fê te de ma mè re, l'a ma bi li-té de ce pè re, la ro be de ma mè re, Ma rie a u ne pe ti te fi gu re, la sa la de ge lée, ma ca po te ra pée, pa pa fu me sa pi pe, l'a rri vée du pi lo-te, le ca fé de ta mè re, la fi gu re pâ le.

N. 5. *SYLLABES INVERSES.*

ab	ib	ob	ub
ac	ic	oc	uc
ad	id	od	ud
af	if	of	uf
al	il	ol	ul
ar	ir	or	ur
as	is	os	us

MOTS.

ar mu re	ir ri té	ic tè re
ab so lu	op té	or bi te
ar me	ul cè re	or du re
ar ri va ge	ir ré so lu	or do nné
ar ro be	op ti mé	ur ne
al té ré	op ti que	A ri us
as tu ce	or be	or né

SONS SIMPLES PLACÉS ENTRE DEUX ARTICULATIONS.

N. 6. *SYLLABES.*

bar	bac	bal	bif	bor	bir
car	cac	cal	» »	cor	» »
dar	dac	dal	dil	dor	dir
far	fac	fal	fil	for	fir
gar	gac	gal	» »	gor	» »
lar	lac	lal	lil	lor	lir
mar	mac	mal	mil	mor	mir
nar	nac	nal	nil	nor	nir

(1)

bol	bur	bul	bas	bol	bos
col	cur	cul	cas	col	cos
dol	dur	dul	das	dol	dos
fol	fur	ful	fas	fol	fos
mol	mur	mul	mas	mol	mos
nol	nur	nul	nas	nol	nos
pol	pur	rul	ras	rol	ros
sol	sur	sul	pas	pol	pos

(1) Voir les pages 3 et 4 sur l'instruction.

EXERCICES SUR LES SONS SIMPLES ARTICULÉS.

N. 7. *MOTS.*

for tu ne	sor tir	fal ba la
or di nal	car te	fa nal
cal cul	mur mu re	a mi cal
gar ni tu re	sor di de	al co ol
cul tu re	lé zar de	fur tif
co car de	ba vard	tu mul te
dor sal	bor dé	pos te
ba vu re	mas tic	vac ci ne

PHRASES.

J'é vi te le tu mul te du bal, Vic-tor se ra pu ni, la for tu ne m'a fa vo ri sé, Mé dor a mor du ta mè-re, ce re mè de m'a pur gé, la gar-ni tu re de ta robe, la cor de de fil ca sse ra, il va sor tir, il se dé fi gu-re, il va bâ tir, il va dor mir, il sort de l'é co le.

N° 8. SONS ET ARTICULATIONS POLYGRAMMES.

(1)

eu ou ai oi au an in on un.

ou eu oi in on un in au oi.
ai an in oi au oi ou ai ai.

---

eur our oir

ch gn ph ill.

ch our gn ill ph our oir ch eur ch
ph gn eur oir ph gn ch ph ill ch ph
our ill ph gn ph oir our eur ch ill.

---

eu ou ai oi au an in on un
eur our oir ch gn ph ill.

eu ai ou au in un our ch gn oir gn
ill oir ph ill on un ch eur oir ou oi
au our ph eu ai gn an on ai oi au.

---

(1) Voir page 4 sur l'instruction.

N° 9. SONS POLYGRAMMES ARTICULÉS.

Syllabes directes.

	eu	ou	an	in	on	au
b	b eu	b ou	b an	b in	b on	b au
f	f eu	f ou	f an	f in	f on	f au
g	» »	g ou	g an	» »	g on	g au
m	m eu	m ou	m an	m in	m on	m au
ph	ph eu	ph ou	ph an	ph in	ph on	ph au
ch	ch eu	ch ou	ch an	ch in	ch on	ch au

	ai	eur	our	oi	oir	un
d	d ai	d eur	d our	d oi	d oir	d un
g	g ai	l eur	g our	g oi	l oir	l un
j	j ai	j eur	j our	j oi	j oir	j un
gn	gn ai	gn eur	gn our	gn oi	gn oir	gn un
ill	ill ai	ill eur	ill our	ill oi	ill oir	ill un

	our	eur	our	oi	oir	un
d	dour	deur	cour	doi	doir	dun
g	gour	leur	lour	goi	loir	lun
j	jour	jeur	jour	joi	joir	jun
gn	gnour	gneur	gnour	gnoi	gnoir	gnun
ill	illour	cheur	illour	illoi	illoir	illun

N° 10. EXERCICES SUR LE TABLEAU PRÉCÉDENT.

eu ou an ai in on un oi au eau
ch gn ph ill œur eur our oir.

le su reau	le ma tou	le feu
le cha peau	le vai sseau	u ne poi re
la pou le	la mai son	du vin
la cau se	le châ teau	un ca illou
le bâ ton	un chou	le ma tois
la dan se	le fou	le cou teau
la rai son	le tu yau	le li cou
le man teau	le jou jou	le bo yau
le poi sson	le bi jou	le mar teau
le tau reau	la mon ta gne	le mou lin
le jour	un bu reau	le jour
la cour	un pan ta lon	le moi neau
l'a gneau	la sœur	la ca ille
le roi	le four neau	le cou cou

N. 11. SUITE DES EXERCICES SUR LE N° 9.

eu ou an ai in on au un oi au eau ch gn ph ill œur eur our oir.

PHRASES.

La pou le cou ve, le pe tit la pin man ge, il se sau ve, je chan te un can ti que, je ga gne pour toi, j'a rran-ge mon ta bleau, je bois du vin, j'y a jou te un peu d'eau, ton mou choir se ra mou illé, mon bon pa pa me fe-ra ca deau d'un se rin, ta bour se a é té vo lée ce ma tin, ton ca ma ra de ai me l'é tu de, Pau line au ra on ze ans au mois de mai, le sin ge dan se sur la cor de, le bâ teau a cou lé au fond de l'eau, le pin son chan te au tour de nous, mon pa pa a vou lu me pu nir, la va che ru mi ne, j'ai fait ca deau d'u ne ro be à ma sœur, j'ai cou pé le ga zon de mon jar din.

N° 12. SONS SIMPLES ARTICULÉS.

SYLLABES.

bla	blè	blé	ble	bli	blo	blu
cla	clè	clé	cle	cli	clo	clu
cra	crè	cré	cre	cri	cro	cru
dra	drè	dré	dre	dri	dro	dru
fla	flè	flé	fle	fli	flo	flu
phra	phrè	phré	phre	phri	phro	phru
spa	spè	spé	spe	spi	spo	spu
sta	stè	sté	ste	sti	sto	stu
stra	strè	stré	stre	stri	stro	stru

MOTS.

bla me	bru ne	pro cé dé
cra ne	glo be	pro bi té
phra se	gra de	bra sse
trè ve	gra ppe	bri co le
grâ ce	pla ce	cri blu re
blê me	gra sse	cri ti que
fru gal	gro tte	cri me
prô né	pro cu ré	drè che

N° 13. EXFRCICES SUR LE N° 12.

eu ou an en ai in on un oi au eau ch gn ph ill œur eur oir.

PHRASES.

La cri blu re de blé, la gra ppe de rai sin, le pro blê me di ffi ci le, la pri se de la pla ce, un stè re de bois, la plu me ta illée, un ho mme stu pi-de, bru tal, la gro tte ob scu re et noi re, la phra se choi sie, le cri me re co nnu, le prê tre in dul gent, le pè re pru dent, la bri de du che val, le crâ ne de la tête.

Le tra vail pro cu re l'ai san ce, le glo be a u ne for me ron de, le cri me se ra pu ni, le gra de du ca po ral, je blâ me mon frè re qui a fra ppé ma sœur, le re pas fru gal de no tre fê te pa tro na le, ton pro cé dé ré u ssi ra, la cri ti que fait sou vent du mal.

N° 14. SUITE DES SONS ARTICULÉS.

		ou	ai	an	on	eu
bia	biè	biou	biai	bian	bion	bieu
dia	diè	diou	diai	dian	dion	dieu
fia	fiè	fiou	fiai	fian	fion	fieu
mia	miè	miou	miai	mian	mion	mieu
nia	niè	niou	niai	nian	nion	nieu
pia	piè	piou	piai	pian	pion	pieu
sia	siè	siou	siai	sian	sion	sieu
lia	liè	liou	liai	lian	lion	lieu
via	viè	viou	viai	vian	vion	vieu
bui	cui	dui	fui	mui	nui	pui

eu	ou	an	in	on
breu	brou	bran	brin	bron
cleu	clou	clan	clin	clon
fleu	flou	flan	flin	flon
greu	grou	gran	grin	gron
treu	trou	tran	trin	tron
vreu	vrou	vran	vrin	vron

N° 15 EXERCICES SUR LE N° 14.

oi on ai an en eu au eau ou un ch gn ill eur our oir.

PHRASES.

La poi re cui te, le bui sson é pais, la re li gion jui ve, la con dui te de la vie, la bran che de l'ar bre, le milieu de la cour, le vieux ca po ral, le pia no de ma niè ce, le poi sson de l'é tang, le cui vre jau ne, la ri vière gla cée, la fiè vre quar te, la viande gâ tée.

La nuit a ppro che, je fais lui re mon cha peau, il faut fuir le scan dale, il faut se con dui re se lon la raison, le mu si cien joue du vio lon, l'u nion fait la for ce d'un état, le chien a pour sui vi le liè vre, un dragon fu rieux é tait gar dien d'un trésor, l'a mi tié fait l'u nion d'u ne fami lle.

N° 16. EXERCICES SUR LES TABLEAUX PRÉCÉDENTS.

Syllabes inverses.	ec ef el ep er es et ex	eu ou an en ai in on un oi au eau ch gn ph ill eur our oir.

(1)

Le ca pi tai ne cru el, la mort ré el le, le poi son mor tel, l'a mi tié fra ter nel le, la dé ser tion du sol dat, u ne ber gè re en ter rée, un do mes ti que ré ser vé, un ho mme pré ve nant es ti mé, re cher ché, la spi ri tu el le ma da me de Sé vi gné, la ré vo lu tion di ur ne de la ter re.

Le ma çon a per cé la mu ra ille, j'ai ven du u ne piè ce de cou te li ne, l'ho mme ver tu eux ac qué re ra la vie é ter nel le, le jar din a per du sa beauté, la pes te a ra va gé tou te la con trée, il a mé ri té par sa bra vou re d'ê tre dé co ré, le su per be châ teau de ce ri che pro pri é tai re, l'ex er ci ce du fu sil a ppar tient au sol dat.

(1) Voyez page 5 sur l'instruction.

N° 17. EXERCICES SUR LES SONS ÉLÉMENTAIRES.

Sons élémentaires.	(1)
eu	ne veu, le feu, l'Eu ro pe, le jeû ne.
œu	le vœu, u ne œu vre, œu vé, œuf, bœuf.
ou	le chou, le sa pa jou, la sou cou pe.
an	u ne ban de, la dan se, un can de la bre.
en	la ten te, la den tu re, le cen seur.
am	am bas sa de, l'am bre, le bam bou.
em	dé mem bre ment, em bau me ment.
in	in dé fi ni, in fâ me, in fan ti ci de.
im	l'im be, im bu, tim bre, im bé ci le.
ain	u ne con train te, la plain te, dé dain.
aim	le daim, la faim, la faim-valle.
ein	cein dre, cein tu re, fein dre.
ym	syn dic, sym bo le, syn di cal.
oin	be soin, loin tain, té moin.
on	bon té, a mon ce lé, bâ ton, bom bon.
om	om bra ge, nom bre, ca ta com be.
un	co mmun, un sta de, au cun, a lun.
um	hum ble, hum ble ment.
ai	un mi li tai re, u ne plai ne.
ay	la fray eur, bray ant, cray o nnant.
ei	pei ne, plei ne, rei ne, ba lei ne.
est	c'est moi, c'est lui, il est ve nu.
eretez	le ba te lier et le nau ton nier, nez.
eau	l'eau, le rui sseau, le ba teau.
au	du bau me, une cou leur fau ve.
oi	

(1) Voyez page 5 sur l'instruction.

N° 18. *SONS ÉLÉMENTAIRES.*

eu ou an en am em in im on
om un aim ain ai ei au eau ein
ym hum oi ch gn ill ph our oir.

MOTS.

vi nai gre	vai ron	l'om bre
peu reux	cha meau	tim bre
fâ cheux	ro yau me	hum ble
ber ceau	tem ple	tim bre
nou veau	bam bou	en ten dre
ba lei ne	tem ple	pom pe
chau me	im po li	pau vre
meu le	é tei gnoir	lam pion
maî tre	main te nant	tam bou rin
rei ne	main mor te	em blême
bau me	la faim	cam phre
su reau	cein tu re	fram boi se
a gneau	fein dre	am phi bie
beau té	sym ba le	lim pi de

N° 19. SYLLABES INVERSES.

ec ef el ep er es et ex	eu œu ou an en em am in im ain aim ein ym oin on om un um ai ay ei est au eau oi et ez er ch gn ph ill eur our oir.

EXERCICES SUR LES TABLEAUX PRÉCÉDENTS (1).

La ti ge de la tu li pe, la ra re té de la fa ri ne, A dè le a ta ché sa ro be, ta mè-re a te nu sa pa ro le, Re né fu me sa pi-pe, Da vid ré gna sur la Ju dée, j'ad mi re la pa ru re d'A ga the, la pi pe du ca po-ral, ce bo cal a u ne for me é nor me, le che val est un a ni mal u ti le, il pa ti ne-ra sur le ca nal, il a bor de ra l'ar mée, on a fou lé le ga zon de mon jardin, le sin ge dan se sur la cor de, Vic tor a lu un con te mo ral, le ve nin de la vi pè re est mor tel, mon pa pa a vou lu me pu nir, la biè re mou sse d'a van ta ge en é té, la moi tié de mon sa lai re se ra pour toi, le pol tron fuit par ce qu'il a peur, l'ad mi ra ble sys-tê me que ce lui de la na tu re.

(1) Voir la page 7 sur l'instruction.

N° 20.

ec ef el ep er es et ex	eu œu ou an en em am in im ain aim ein ym oin on om un um ai ei est au eau oi et ez er (1) ch gn ph ill eur eur oir.

SUITE DES EXERCICES.

La chè vre brou te dans le pré, il te prê-te ra sa plu me pour é cri re, On a in fli-gé u ne pu ni tion à ta sœur, u ne fou le nom breu se é tait sur la pla ce, Ja cob fut en se ve li a vec u ne pom pe ro ya le.

L'a veu gle cher che son che min a vec son bâ ton, la beau té du jar din m'en-chan te, le pau vre rem pa illeur ga gne bien peu de cho se, il se di ver ti ra le jour de sa fê te, ma man m'a chè te ra un é pa gneul, la crain te du Sei gneur em-pê che sou vent de fai re du mal.

(1) Il faut faire remarquer aux élèves que les lettres EZ et ER se prononcent comme é à la fin d'un mot.

N° 21.

ec ef el ep er es et ex	eu ou an en am em in im ain ein on om au eau ai ei oï oin un on ch gn ill ph eur our oir.

PHRASES.

La cam pa gne dé ser te. Le châ teau du sei gneur. La mai son gran. de. Le ta bleau de mon frè re. Le man teau du ca pi tai-ne. La crain te de la jus ti ce. Le pau vre mal heu reux. Le ca illou du rui sseau. La plai ne de la cam pa gne. L'am pu ta tion d'un mem bre. L'om bre du feu illa ge.

L'in jus ti ce d'un ho mme en traî ne beau coup de mal. La joie a ba ni le cha-grin. La bom be fait beau coup de mal. La pei ne pu ni ra le cou pa ble. La ba lei ne est d'un grand se cours. L'eau en traî ne le ba teau.

Nº 22.

ec ef el ep er es et ex	eu œu ou an en em am in im ain aim ein yn oin on om un um ai ay ei est au eau oi et ez er ch gn ph ill eur our oir.

PHRASES.

L'en fant stu dieux de vien dra sa vant. L'é lè ve crain tif de vien dra o bé i ssant. L'em pe reur de la Chi ne la bou re lui-même un champ pour in spi rer du goût à la cul tu re. L'in so len ce de ton frè re lui cau se ra pré ju di ce. Ho no re ton pè re et ta mè re si tu veux vi vre long-temps sur la ter re. L'im pôt est u ne char-ge né ces sai re pour sub ve nir aux be soins de l'état. Le syn dic de la fa illi te a ren-du comp te aux cré an ciers. Le chien a pour sui vi le liè vre sans l'a ttein dre. Le chien a boie lors qu'il voit ar ri ver un é-tran ger.

N° 23.

cc cf cl ep er es et ex	eu œu ou an en em am in im ain aim ein ym oin on om un um ai ay ei est au eau oi et ez er ch gn ph ill eur our oir.

SENTENCES ET MAXIMES.

Ne crai gnons point que Dieu donne u ne pier re pour du pain; mais crai gnons de chan ger nous-mêmes le pain de Dieu en pier re par la du re té de notre cœur. — Si rien ne man quait ja mais à l'ho mme il au rait tou jours de quoi lou er Dieu et le re mer cier de sa li bé ra li té, mais il n'au rait pas de quoi ex er cer sa foi et sa con fian ce. — L'ho mme ne peut ê tre long-temps son pro pre gui de sans é prou-ver qu'il est con duit par un a veu gle et un sé duc teur. — Dieu for me peu à peu la foi dans les cœurs afin qu'on sen te da van-ta ge qu'el le est son ou vra ge.

N° 24.

ec ef el ep er es et ex	eu œu ou an en em am in im ain aim ein ym oin on om un um ai ay ei est au eau oi et ez er ch gn ph ill eur our oir.

MAXIMES.

Une fau sse ver tu est un voi le qui nous ca che nos vices. — On ne peut a voir en mê me temps les con so la tions de la ter- re et cel les du ciel; il faut choi sir. — On cher che sou vent a vec plus de per sé vé- ran ce les oc ca sions de se per dre que cel les de se sau ver. — On ne sau rait trop di re aux chré tiens de lai sser le mon de aux gens du mon de. — Il faut fai re aux au tres ce que vous vou driez qu'il vous fût fait : voi là la loi na tu rel le qui de vrait ê tre gra vée dans le cœur de tous les ho- mmes.

N° 25.

ec ef el ep er es et ex	eu œu ou an en em am in im ain aim ein ym oin on om un um ai ay ei est au eau oi et ez er ch gn ph ill eur our oir.

EXERCICES SUR LES TABLEAUX PRÉCÉDENTS.

Syllabes réunies.

Maman me punira. Le voleur a été vu. Mon mouchoir sera mouillé. Je foule le gazon de mon jardin. J'arrange mon chapeau. J'ai peur de l'ouragan. Je chante un cantique. Le ramoneur a la peau noire. Le voleur se cachera. Il couchera sur la paille. La lime se rouillera.

La maison du Seigneur. Le vaisseau de l'amiral. L'ami du prince. La maison de la reine. Le légume du jardin. Le cou du sapajou. Le bateau à vapeur. Le taureau de l'étable. La cour du prince. La rondeur du globe. La tabatière de mon papa. Une marâtre violente et colère. Un cœur agité et tourmenté.

N° 26.

ec ef el ep er es et ex	eu œu ou an en em am in im ain aim ein ym oin on om un um ai ay ei est au eau oi et ez er ch gu ph ill eur our oir.

SUITE DES EXERCICES.

La sainte religion. Une veuve, pauvre, ruinée. Le fleuve débordé, glacé. La rivière débordée, glacée. Un ami sûr, fidèle, dévoué. L'enseigne verte, rouge. Une origine douteuse. Une punition rigoureuse. Une action glorieuse. La tisane sucrée, pectorale. Le soupirail utile et commode. Le corail rouge recherché. Une échéance courte ou longue. La giberne du voltigeur.

Je pratique la maxime du sage. Le maître me récompensera. Le coupable sera puni par la justice. La frugalité procure la santé. Le travail procure l'aisance. Le remède soulage le malade. La beauté de la nature m'enchante. J'admire la grandeur du pouvoir de Dieu.

N° 27.

ec ef el ep er es et ex	eu œu ou an en em am in im ain aim ein ym oin on om um un ai ay ci est au eau oi et ez er ch gn ph ill eur our oir.

MAXIMES.

Ne craignons point que Dieu donne une pierre pour du pain, mais craignons de changer nous-mêmes le pain de Dieu en pierre par la dureté de notre cœur. — Si rien ne manquait jamais à l'homme, il aurait toujours de quoi louer Dieu et le remercier de sa libéralité, mais il n'aurait pas de quoi exercer sa foi et sa confiance. — L'homme peut être long-temps son propre guide sans éprouver qu'il est conduit par un aveugle et un séducteur. — Dieu forme peu à peu la foi dans les cœurs, afin qu'on sente davantage qu'elle est son ouvrage. — Une fausse vertu est un voile qui nous cache nos vices.

N° 28.

ec ef el ep er es et ex	eu œu ou au en em am in im ain aim ein ym oin on om un um ai ay ei est au eau oi et ez er ch gn ph ill eur our oir.

MAXIMES.

On ne peut avoir en même temps les consolations de la terre et celles du ciel; il faut choisir. — On cherche souvent avec plus de persévérance les occasions de se perdre que celles de se sauver. — On ne saurait trop dire aux chrétiens de laisser le monde aux gens du monde. — Il faut faire aux autres ce que vous voudriez qu'il vous fût fait : voilà la loi naturelle qui devrait être gravée dans le cœur de tous les hommes. — Il faut faire l'aumône, car elle expie le péché.—Dieu a dit : honore ton père et ta mère si tu veux vivre long-temps sur la terre. — Ne plaisantez jamais ni de Dieu ni des saints, laissez ce vil plaisir aux jeunes libertins.

ec ef el ep er es et ex	eu œu ou an en em am in im ain aim ein ym oin on om un um ai ay ei est au eau oi et ez er ch gn ph ill eur our oir.

LECTURE COURANTE.

L'enfant prodigue.

Un homme, dit Jésus-Christ, avait deux fils. Le plus jeune vint dire à son père : « Mon père, donnez-moi la part du bien qui doit me revenir. » Et le père fit le partage de son bien. Peu de jours après, le plus jeune des fils, ayant amassé tout ce qu'il avait, s'en alla dans un pays étranger fort éloigné, où il dissipa toute sa fortune en excès et en débauches. Après qu'il eût tout dépensé, il s'en alla et se mit au service d'un des habitants du pays qui l'envoya dans ses possessions pour y garder les pourceaux ; et là, il eût été heureux de pouvoir se rassasier des gousses que les pourceaux mangeaient ; mais personne ne lui en donnait. Enfin, étant rentré en lui-

ec ef el ep er es et ex	eu œu ou an en em am in im ain aim ein ym oin on om un um ai ay ei est au eau oi et ez er ch gn ph ill eur our oir.

même, il se dit : « Combien n'y a-t-il pas de mercenaires dans la maison de mon père qui ont du pain en abondance, et moi, son fils, je meurs ici de faim. Je me lèverai et je m'en irai vers mon père, et je lui dirai : Mon père, j'ai péché contre le ciel et contre vous, et je ne suis pas digne d'être appelé votre fils; traitez-moi comme l'un de vos serviteurs. » Il partit donc et vint trouver son père. Celui-ci l'aperçut de loin, et touché de compassion, il courut au devant de lui, se jeta à son cou et le baisa. Son fils commença ainsi : « Mon père, j'ai péché contre le Ciel et contre vous, je ne suis pas digne d'être appelé votre fils. » Mais son père l'interrompit et dit à ses serviteurs : « Apportez promptement la plus belle robe et l'en revêtez : mettez-lui un anneau au doigt et des souliers aux pieds; amenez aussi le veau

<table>
<tr><td>ec
ef
el
ep
er
es
et
ex</td><td>eu œu ou an en em am in im ain
aim ein ym oin on om un um ai
ay ei est au eau oi et ez er
ch gn ph ill eur our oir.</td></tr>
</table>

gras et le tuez. Nous allons célébrer son retour par un festin ; car mon fils que voici était mort, et il est ressuscité ; il était perdu, et il est retrouvé. » Cependant le fils aîné se trouvait dans les champs au moment de l'arrivée de son frère. A son retour, en s'approchant de la maison, il entendit les sons de la musique et des chants ; il appela à lui l'un des serviteurs, et lui demanda la cause de ces réjouissances. Celui-ci répondit : « Votre frère est de retour, et votre père a tué le veau gras, parce qu'il a retrouvé son fils en bonne santé. » Le frère aîné prit alors de l'humeur et refusa d'entrer. Son père sortit lui-même et l'engageait avec bonté à venir prendre part à la joie générale. Mais le fils répondit à son père : « Voilà tant d'années que je vous sers, et jamais je n'ai transgressé votre commandement, et cependant vous ne m'avez jamais donné un

eu œu ou an en em am in im
ain aim ein ym oin on om un
um ai ay ei est au eau oi et ez er
ch gn ph ill eur our oir.

reau pour faire bonne chère avec mes amis. s votre autre fils que voilà, qui a mangé bien au milieu de mauvaises sociétés, est nu, et vous avez tué pour lui le veau gras.» s le père lui dit : « Mon enfant, vous êtes urs avec moi, et tout ce que j'ai est à ; mais n'était-il pas juste de faire un et de nous réjouir, parce que votre frère voici était mort, et il est revenu à la vie; it perdu, et il est retrouvé. »

S CRIMES PUNIS L'UN PAR L'AUTRE.

ois hommes voyageaient ensemble, ils ntrèrent un trésor, et ils le partagèrent; ntinuèrent leur route en s'entretenant de e qu'ils feraient de leurs richesses. Les s qu'ils avaient portés étaient consommés; nvinrent qu'un d'eux irait en acheter à

ec
ef
el
ep
er
cs
et
ex

eu œu ou an en em am in im

ain aim ein yn oin on om un um

ai ay ei est au eau oi et ez er

ch gn ph ill eur our oir.

a ville, et que le plus jeune se chargerait de ette commission : il partit.

Il se disait en chemin : me voilà riche ; mais e le serais bien davantage si j'avais été seul uand le trésor s'est présenté ; ces deux hommes m'ont enlevé mes richesses, ne pourrais-je as les reprendre? cela me serait facile ; je 'aurais qu'à empoisonner les vivres que je ais acheter ; à mon retour, je dirais que j'ai îné à la ville, mes compagnons mangeraient ans défiance, et ils mourraient ; je n'ai que le iers du trésor, et j'aurais tout.

Cependant les deux autres voyageurs se diaient : nous avions bien affaire que ce jeune omme vînt s'associer avec nous ; nous avons 'té obligés de partager le trésor avec lui, sa art aurait augmenté les nôtres et nous seions véritablement riches ; il va revenir, nous

ec ef el ep er es et ex	eu œu ou an en em am in im ain aim ein ym oin on om un um ai ay ei est au eau oi et ez er ch gn ph ill eur our oir.

avons de bons poignards, nous pouvons lui ôter la vie.

Le jeune homme revint avec des vivres empoisonnés; ses compagnons qui l'attendaient avec impatience l'assassinèrent; ils mangèrent, ils moururent et le trésor n'appartint à personne.

LE BON FILS.

Un enfant de très-bonne naissance, placé à l'école militaire, se contentait depuis plusieurs jours de la soupe et du pain sec avec de l'eau. Le gouverneur, instruit de cette singularité, l'en reprit, attribuant cela à quelque excès de dévotion mal entendue. Un professeur, averti par le gouverneur de sa persévérance, fit venir le jeune élève, et après lui avoir doucement représenté combien il était nécessaire d'éviter toute singularité et de se conformer à l'usage

ec ef el ep er es et ex	eu œu ou an en em am in im ain aim ein ym oin on om un um ai ay ei est au eau oi et ez er ch gn ph ill eur our oir.

de l'école; voyant qu'il ne s'expliquait pas sur les motifs de sa conduite, fut contraint de le menacer, s'il ne s'y conformait, de le rendre à sa famille. Hélas, monsieur, dit alors l'enfant, vous voulez savoir la raison que j'ai d'agir comme je le fais; la voici : Dans la maison de mon père je mangeais du pain noir en petite quantité; nous n'avions bien souvent que de l'eau à y ajouter; ici je mange de bonne soupe, le pain y est bon et blanc et à discrétion. Je ne puis me résoudre à manger davantage en me souvenant de l'état de mon père et de ma mère.

Le gouverneur qui ne pouvait retenir ses larmes, en voyant la sensibilité et la fermeté de cet enfant, lui adressa cette question : Votre père a-t-il servi? n'a-t-il pas de pension? Non, reprit l'enfant, pendant une année il en a sol-

ec ef el ep er es et ex	eu œu ou an en em am in im ain aim ein ym oin on om un um ai ay ei est au eau oi et ez er ch gn ph ill eur our oir.

licité une; le défaut d'argent l'a contraint d'y renoncer; il a mieux aimé languir que de faire des dettes à Versailles. Eh bien, reprit le gouverneur, si le fait est aussi prouvé qu'il paraît vrai dans votre bouche, je lui promets de lui obtenir cinq cents livres de pension. Recevez en attendant pour vous-même ces trois louis, je vous les présente au nom du roi.

L'ENFANT GATÉ.

Une dame d'esprit avait un fils, et craignant si fort de le rendre malade en le contredisant, qu'il était devenu un petit tyran, et entrait en fureur à la moindre résistance qu'on osait faire à ses volontés les plus bizarres. Le mari de cette dame, ses parents, ses amis, lui représentaient qu'elle perdait ce fils chéri, tout était inutile. Un jour qu'elle était dans sa chambre,

ec ef el ep er es et ex	eu œu ou an en em am in im ain aim ein ym oin on om un um ai ay ei est au eau oi et ez er ch gn ph ill eur our oir.

elle entendit son fils qui pleurait dans la cour; il s'égratignait le visage, parce qu'un domestique lui refusait une chose qu'il voulait. Vous êtes bien impertinent, dit-elle à ce valet, de ne pas donner à cet enfant ce qu'il vous demande; obéissez-lui tout-à-l'heure. Par ma foi, madame, répondit le valet, il pourrait crier jusqu'à demain qu'il ne l'aurait pas. A ces mots, la dame devint furieuse, elle est prête à tomber en convulsion; elle court, et passant dans une salle où était son mari avec quelques-uns de ses amis, elle le prie de la suivre et de mettre dehors l'impudent qui lui résiste. Le mari, qui était aussi faible pour sa femme qu'elle l'était pour son fils, la suit en levant les épaules, et la compagnie se mit à la fenêtre pour voir de quoi il était question. Insolent, dit-il au valet, comment avez-vous la hardiesse de désobéir à madame en

cc ef el ep er es et ex	eu œu ou an en em am in im ain aim ein ym oin on om un um ai ay ei est au eau oi et ez er ch gn ph ill eur our oir.

refusant à l'enfant ce qu'il vous demande? En vérité, monsieur, dit le valet, madame n'a qu'à le lui donner elle-même; il y a un quart d'heure qu'il a vu la lune dans un seau d'eau, et il veut que je la lui donne. A ces paroles, la compagnie et le mari ne purent retenir de grands éclats de rire : la dame elle-même, malgré sa colère, ne put s'empêcher de rire aussi, et fut si honteuse de cette scène, qu'elle se corrigea, et parvint à faire un aimable enfant de ce petit être maussade et volontaire.

LA POMME DE TERRE.

Cette plante si utile est originaire de l'Amérique. Elle est restée long-temps inconnue aux Européens, qui n'allaient chercher que de l'or dans le nouveau monde. On connaissait à peine la pomme de terre en France, il y a cinquante

ec ef el ep er es et ex	eu œu ou an en em am in im ain aim ein ym oin on om un um ai ay ei est au eau oi et ez er ch gn ph ill eur our oir.

ans. Honneur à Parmentier, célèbre agronome qui a su vaincre la répugnance générale qu'on eut long-temps pour ce précieux tubercule.

On retire de la pomme de terre une espèce de farine, une substance qui se trouve dans les différentes parties des végétaux, et qu'on nomme fécule. Il est facile d'extraire cette fécule : on broie les pommes de terre, on les lave ensuite à l'eau froide. Une poudre blanche et fine reste suspendue dans cette eau, qu'on sépare de la rapure, qu'on laisse reposer, et la fécule se dépose au fond.

La fécule de pomme de terre est très-usitée pour la pâtisserie et les potages. Mêlée avec de la farine de froment, elle fait un très-bon pain. Quant à la rapure, elle n'est pas perdue; car l'industriel ne doit rien perdre de ce qui peut être utile; elle sert à engraisser les porcs, mais il faut y mêler des substances animales, telles

ec ef el ep er es et ex	eu œu ou an en em am in im ain aim ein ym oin on om un um ai ay ei est au eau oi et ez er ch gn ph ill eur our oir.

que les eaux grasses de la vaisselle, le pain de cretonne, etc. Les fabricants de fécule achètent quelquefois les chevaux qui ne peuvent plus rendre de service et qu'il faut tuer ; ils en font cuir les chairs qu'ils mêlent à la râpure des pommes de terre. Cette nourriture substantielle engraisse un cochon rapidement, et triple sa valeur en peu de semaines.

LES LIVRES.

Les livres étaient autrefois très-rares parce qu'ils coûtaient fort cher. Il y a quatre cents ans on ne savait pas les imprimer. Des copistes les transcrivaient avec une longue et coûteuse patience, et l'on aurait acheté un morceau de terre avec le prix d'un seul ouvrage. Maintenant on en fabrique qui renferment de bonnes leçons pour tous et qui se vendent dix centimes.

ec ef el ep er es et ex	eu œu ou an en em am in im ain aim ein ym oin on om um un ai ay ei est au eau oi et ez er ch gn ph ill eur our oir.

Jadis le peuple ne lisait pas, il ne savait pas lire; aujourd'hui les livres abondent dans les campagnes, et bientôt chaque commune sera pourvue de sa bibliothèque. Le roi Charles V, qui commença la bibliothèque royale, laissa à sa mort une collection composée de neuf cents volumes; aujourd'hui la même bibliothèque en compte plus de six cent mille.

L'époque de la belle invention de l'imprimerie date de l'année quatorze cent quarante, et l'on fait généralement à la ville de Mayence l'honneur de l'avoir vue naître dans son sein. Deux autres villes veulent cependant lui revendiquer cet honneur. Guttemberg est l'inventeur, et il s'associa Faust. Dans ces premiers temps ce bel art passa pour un effet du prodige et de la sorcellerie.

La main-d'œuvre de l'imprimerie consiste en deux opérations principales; savoir, la compo-

ec ef el ep er es et ex	eu œu ou an en em am in im ain aim ein ym oin on om un um ai ay ei est au eau oi et ez er ch gn ph ill eur our oir.

sition ou assemblage des caractères qui forment les mots, et l'impression ou empreinte de ces mots sur le papier. On appelle compositeur l'ouvrier qui travaille à l'assemblage des caractères; et imprimeur, celui qui fait mouvoir la presse. Depuis peu de temps cet ouvrier est remplacé, dans quelques imprimeries, par une machine que la vapeur met en mouvement. Le prote est un ouvrier supérieur qui distribue et surveille le travail.

L'HIVER.

La nature, prodigue de ses dons, les a distribués surtout avec une admirable prévoyance. Dans les contrées du globe les plus disgraciés, soit par la rigueur extrême du froid, soit par la force excessive d'une chaleur accablante, on trouve des avantages heureusement choisis, et

ec cf el ep er es et ex	eu œu ou an en em am in im ain aim ein ym oin on om un um ai ay ei est au eau ei et ez er ch gn ph ill eur our oir.

qui seuls peuvent être une compensation à la misère du climat. Dans la Laponie, au milieu des glaces et des neiges du Nord, le renne franchit rapidement les espaces, attelé au traîneau de son maître. Plus utile encore que ne l'est l'animal si sobre, si modeste, l'âne qui rend à si bon compte des services dont on ne lui sait pas assez de gré, le renne nourrit l'homme de son lait, il l'habille de sa peau, et sa sobriété, plus remarquable encore que ne l'est celle de l'âne, se contente d'un peu de mousse qu'il trouve sous la neige avec un instinct admirable.

Dans l'Arabie, au milieu des sables brûlants, on rencontre le chameau, le navire vivant du désert, comme l'appellent les Arabes. Il porte les plus lourds fardeaux, et, sous le ciel ardent des tropiques, il peut marcher long-temps sans

ec ef el ep er es et ex	eu œu ou an en em am in im ain aim ein ym oin on om um un ai ay ei est au eau oi et ez er ch gn ph ill eur our oir.

étancher sa soif, se contentant d'un peu de fourrage.

Partout nous retrouvons cette prévoyance admirable, preuve si frappante de l'intelligence divine qui a tout créé. On ne peut pas faire un pas sur la terre sans rencontrer des marques de cette prévoyance. Partout les végétaux et les animaux sont distribués avec cet ordre, avec ce soin tout paternel.

CHARBON DE TERRE, HOUILLE.

On trouve en certains lieux, dans les entrailles de la terre, une substance noire qui est un véritable charbon naturel. Il faut souvent creuser la terre à de grandes profondeurs pour l'en tirer, et ensuite le voiturer à de grandes distances; cependant il est à beaucoup meilleur marché que le charbon de bois, et on l'emploie de

<table>
<tr><td>ec
ef
el
ep
er
es
et
ex</td><td>eu œu ou an en em am in im
ain aim ein yn oin on om un um
ai ay ei est au eau oi et ez er
ch gn ph ill eur our oir.</td></tr>
</table>

préférence à la forge et dans les usines. La meilleure houille est celle qui se gonfle en brûlant, se ramollit, se colle et flambe; elle donne aussi moins de cendre. La chaleur est très-vive, mais elle répand une odeur assez désagréable.

Dans les mines, la houille est disposée par bancs continus accompagnés de grès, de pierres calcaires et d'autres substances. Ces lits ont une épaisseur qui varie de cinq à six centimètres jusqu'à douze mètres; ils ne sont pas disposés horizontalement; ils suivent les contours des cavités où ils sont renfermés. On présume que la houille est le produit des végétaux accumulés depuis des siècles; souvent elle contient des empreintes de végétaux et de coquillages. Il existe des mines à plus de quatre mille mètres au-dessous du niveau de la mer; d'autres sont à

<table><tr><td>ec
ef
el
ep
er
es
et
ex</td><td>eu œu ou an en em am in im ain
aim ein ym oin on om un um ai
ay ei est au eau oi et ez er
ch gn ph ill eur œur oir.</td></tr></table>

quelques centaines de mètres au-dessous de ce même niveau.

Si l'on brûle la houille à l'abri du courant d'air, on obtient un charbon appelé coke, qui n'a plus d'odeur de soufre, qui ne répand plus de fumée, mais qui a perdu quarante pour cent de sa substance. Le coke sert dans les fabriques de fer, de porcelaine, de briques et de chaux.

C'est en brûlant la houille dans des vases où elle est privée d'air, qu'on obtient le gaz inflammable appelé gaz hydrogène, qui sert à l'éclairage.

EC EF EL EP ER ES ET EX	EU OEU OU AN EN EM AM IN IM AIN AIM EIN YM OIN ON OM UN UM AI AY EI EST AU EAU OI ET EZ ER CH GN PH ILL EUR OUR OIR.

LES LAPINS.

LE TORT QUE LES LAPINS FONT A L'AGRICULTURE LORSQU'ILS SONT RÉUNIS EN GRAND NOMBRE DANS LES PAYS CULTIVÉS, A EXCITÉ CONTRE EUX L'INIMITIÉ DES CULTIVATEURS, QUELQUE PRÉCIEUX QU'ILS SOIENT PAR LEUR POIL, LEUR PEAU ET LEUR CHAIR. AUSSI NOS CHAPELIERS, QUI CONSOMMENT PAR AN QUINZE MILLIONS DE PEAUX DE LAPINS, SANS COMPTER CE QUE LA BONNETERIE ET LA DRAPERIE EN EMPLOIENT. ON EN TIRE UNE GRANDE QUANTITÉ DE L'ÉTRANGER, TANDIS QUE NOTRE CLIMAT POURRAIT NOUS PERMETTRE D'EN EXPORTER ABONDAMMENT, SI LEUR ÉDUCATION ÉTAIT BIEN DIRIGÉE. INDÉPENDAMMENT DE L'EMPLOI DE SON POIL, LA PEAU DE LAPIN FAIT UNE FORT BONNE COLLE; SA CHAIR FOURNIT UN BON BOUILLON ET UNE NOURRITURE SAINE QUE LES HABITANTS DE LA CAMPAGNE POURRAIENT AISÉMENT SE PROCURER,

EC EF EL EP ER ES ET EX	EU OEU OU AN EN EM AM IN IM AIN AIM EIN YM OIN ON OM UN UM AI AY EI EST AU EAU OI ET EZ ER CH GN PH ILL EUR OUR OIR.

TANDIS QUE LA RARETÉ DE LA VIANDE DE BOUCHERIE LES RÉDUIT SOUVENT A NE MANGER QU'UN PEU DE PORC ET A VIVRE PRESQUE TOUJOURS DE VÉGÉTAUX. ENFIN LE FUMIER DE LAPIN EST UN TRÈS-BON ENGRAIS, SURTOUT DANS LES TERRES GLAISEUSES.

IL Y A PLUSIEURS RACES DE LAPINS : LA PREMIÈRE QU'ON NOMME LE LAPIN RICHE, DANS LAQUELLE IL FAUT DISTINGUER LE RICHE ARGENTÉ DE CHAMPAGNE, MOITIÉ ARDOISÉ, MOITIÉ ARGENTÉ, AVEC LES PATTES NOIRES ; LA SECONDE OU LE LAPIN D'ANGORA, QUI A LE POIL PLUS LONG, LA SOIE PLUS ONDOYANTE ET PLUS FINE, AVEC UNE ROBE DE TOUTES SORTES DE COULEURS SOUS LAQUELLE, DANS LE TEMPS DE LA MUE, ON PEUT RETIRER, A L'AIDE DU PEIGNE, ET CHAQUE JOUR, UNE OU DEUX ONCES DE DUVET. LA MUE EST CAUSE QUE LES PEAUX DE LAPINS SONT D'UNE VENTE MOINS AVANTAGEUSE EN ÉTÉ QU'EN

EC EF EL EP ER ES ET EX	EU OEU OU AN EN EM AM IN IM AIN AIM EIN YM OIN ON OM UN UM AI AY EI EST AU EAU OI ET EZ ER CH GN PH ILL EUR OUR OIR.

HIVER; DANS CETTE DERNIÈRE SAISON ELLES SONT VENDUES CINQUANTE A SOIXANTE FRANCS LE CENT; ON N'EN TIRE QU'ENVIRON LA MOITIÉ DE CETTE SOMME PENDANT LA MUE.

www.ingramcontent.com/pod-product-compliance
Lightning Source LLC
LaVergne TN
LVHW020047090426
835510LV00040B/1457

* 9 7 8 2 0 1 9 4 9 3 5 0 9 *